おうちのかた

10歳までの子どもというのは理屈で考えるのではなく、見たまま聞いたままをそのまま感じ、直感的に理解し判断をしていくものです。このドリルは見たことを元に、直感的に感じたものを知識として頭の中におさめていく教材です。今回はもちもちぱんだという、子どもたちになじみのあるキャラクターを採用し、心地よく親しみを持って学習を楽しむことができるでしょう。こうした学習の中で、特に図形や立体の認識など、のちのちでは伸ばしにくいものが自然に育っていくようになっています。

最初はただ眺めるだけなのですが、興味を持ち、見つめることによって、その形や意味を子どもなりに分析しはじめるように仕組んでいます。直感を伸ばす学習というのは、さまざまなことを理屈を持って考えていくときの土台となるものです。直感を伸ばす学習を土台に、感性も豊かに伸びていってほしいと願っています。

監修　陰山英男

この本に出てくるもちぱんしょうかい！

もちもちぱんだ、略(りゃく)してもちぱん！　もちぱんには「でかぱん」と「ちびぱん」の2しゅるいがいるよ。このほかにもたくさんのちびぱんがいるらしい……。

でかぱん

ふつうのちびぱん

しろぱん

くろぱん

はらぺこぱん

なきむしぱん

カビぱん

ミニぱん

まろぱん

まゆぱん

へんてこぱん

てれぱん

アイドルぱん

ハカセぱん

シェフぱん

まじょぱん

おしゃれぱん

アフロぱん

ちびぱんレンジャー

キューピッドぱん

レインボーぱん

芸術(げいじゅつ)ぱん

えのぐぱん

まっしろぱん

ゴールドぱん

シルバーぱん

おはなぱん

ひめぱん

ゆめかわぱん

ハートぱん

ベビぱん

ヤンぱん

アロハぱん

おそうじぱん

どんぐりぱん

あかずきんぱん

忍(にん)ジャぱん

宙(そら)ガールぱん

きぐるみぱん
ヒーローぱん
デビルぱん
おにぱん
ピエロぱん
ゾンビ〜ぱん
ちびみみぱん
ねこぱん
うさぱん
くまぱん
みつばちぱん
うしぱん
ユニコーンぱん
おこげぱん
かしわもちぱん
さくらもちぱん
よもぎもちぱん
きなこもちぱん
わらびもちぱん
つぶあんぱん&
こしあんぱん
ひなあられぱん
もちきんちゃくぱん
焼きもちぱん
ぷくぷくぱん
かがみもちぱん
もちパンぱん
プリンぱん
クッキーぱん
チョコぱん
ホワイト
チョコぱん
アイスぱん
いちごぱん
みかんぱん
カレーぱん
ハンバーガーぱん
おだんごぱん
おでんぱん
にくまんぱん
さくらもち
まんぱん
プリン
まんぱん
チョコ
まんぱん
シュウマイ
ぱん
しらたまぱん

ゴマだんごぱん
ひしもちぱん

ちびぱんの作り方

①とる
②こねる
③作る
④つける
⑤できる

目次

この本の使い方

問題文をよく読んでね。

とりくんだ日づけを書いてね。

問題をとく目やすの時間だよ。

問題のむずかしさだよ。

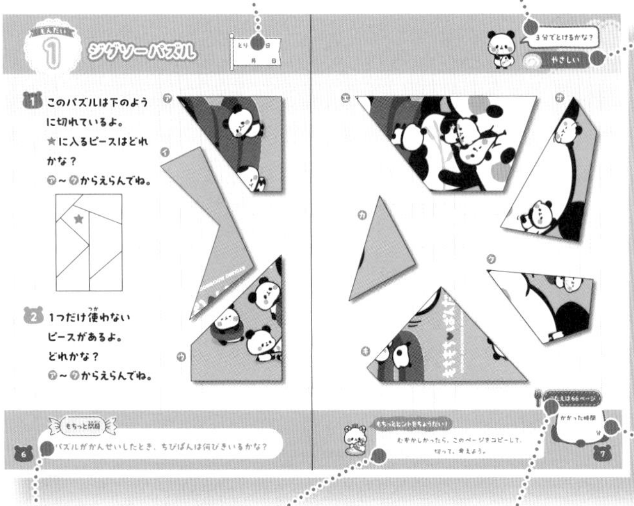

答える時は、指で指しても、えん筆で書いても、いいよ。

わからない問題は、お家の人に聞いても、答えのページを見てもいいよ。

追加の問題にチャレンジしよう。

問題のヒントだよ。

答えがのっているページだよ。

問題をとくのにかかった時間を書いてね。

レベル1

かんたん

まずは、かんたんな問題だよ。
頭をもちっとやわらかくして、
考えよう！

もんだい

1 ジグソーパズル

とりくんだ日
月　日

1 このパズルは下のように切れているよ。
★に入るピースはどれかな？
ア～クからえらんでね。

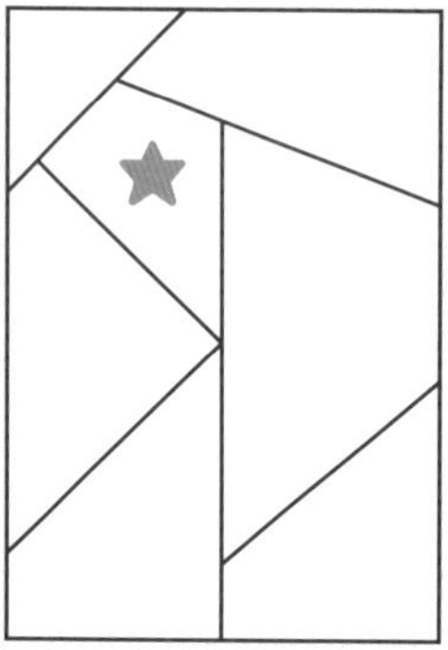

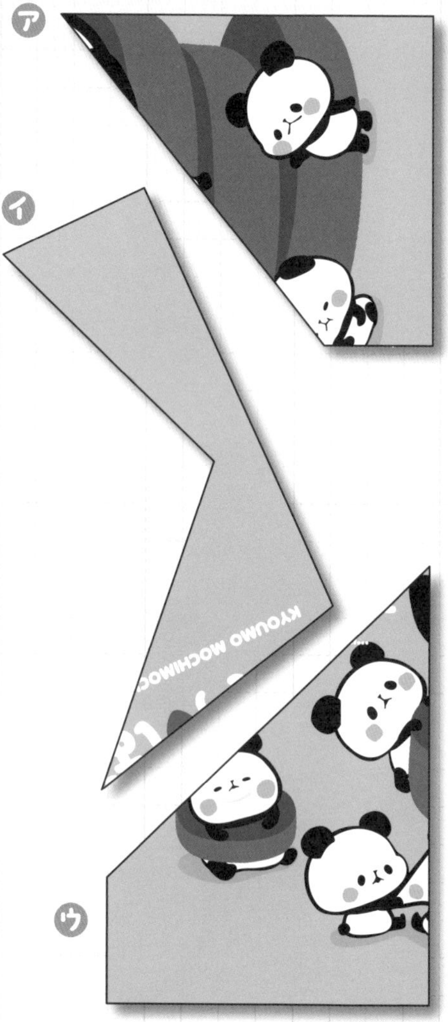

2 1つだけ使（つか）わないピースがあるよ。
どれかな？
ア～クからえらんでね。

もちっと問題（もんだい）

パズルがかんせいしたとき、ちびぱんは何びきいるかな？

3分でとけるかな？

やさしい

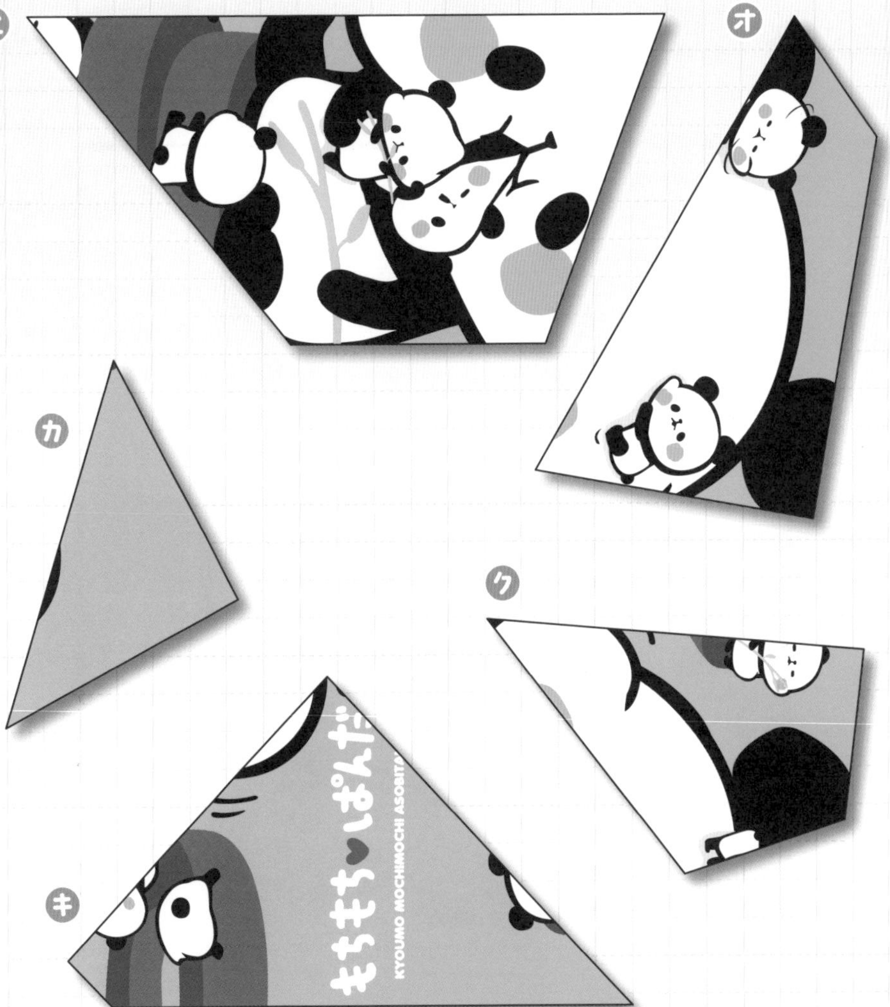

こたえは66ページ

かかった時間

分

もちっとヒントをちょうだい！

むずかしかったら、このページをコピーして、
切って、考えよう。

もんだい

2 まちがいさがし

とりくんだ日
月　日

右と左の絵には5つのちがいがあるよ。全部（ぜんぶ）見つけてね。

もちっと問題（もんだい）

8ページの絵の中に、ちびぱんたちは何びきいるかな？

2分でとけるかな?

やさしい

みんなもう
見つけた?

こたえは66ページ

かかった時間

分

もちっとヒントをちょうだい!

ちびぱんたちの顔をよーく見てみよう!

もんだい

3 きせつ

とりくんだ日

月　日

1～3から、春にかんけいする言葉をそれぞれ2つえらんでね。

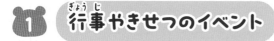

1 行事やきせつのイベント

ア クリスマス　イ じょ夜のかね

ウ 花火　エ 花見

オ ひなまつり　カ 月見

もちっと問題

10ページと11ページでしろぱん は何びきいるかな？

5分でとけるかな？

やさしい

2 生き物（もの）

ア せみ　イ こおろぎ
ウ おたまじゃくし　エ 白鳥
オ きりぎりす　カ つばめ
キ ほたる　ク つる

3 花や食べ物（もの）

ア たんぽぽ　イ 大根（だいこん）
ウ あじさい　エ みかん
オ ぶどう　カ すいか
キ さくら　ク きく

こたえは67ページ

かかった時間

分

もちっとヒントをちょうだい！

どのきせつによく見られるか考えてみよう。

もんだい 4

まぜたら何色？

とりくんだ日
月　日

えのぐぱんたちが絵をかいているよ。2つの色をまぜたら何色にかわるかな？
下の㋐～㋔からえらんでね。

1 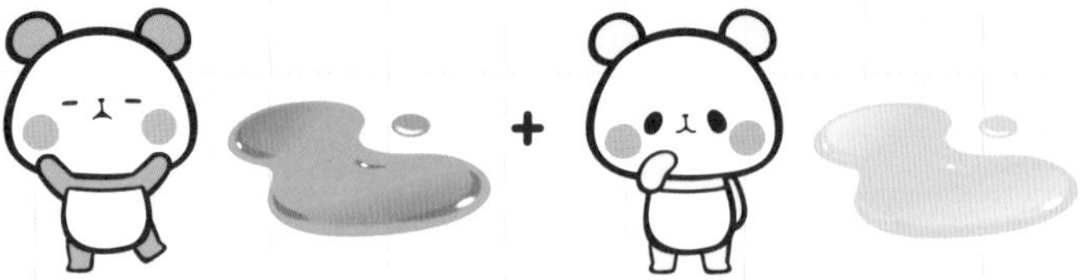 →？

2 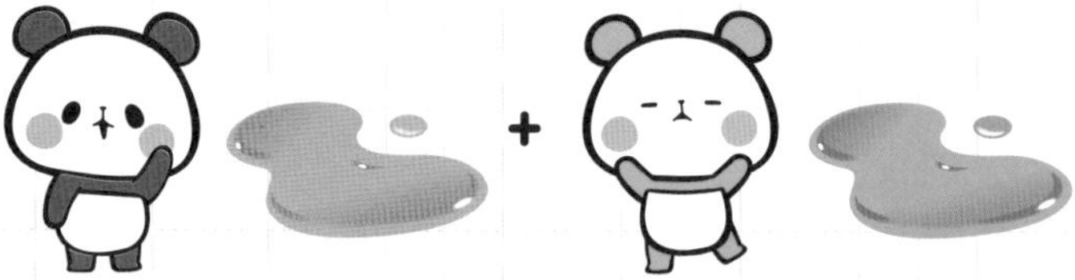 →？

3 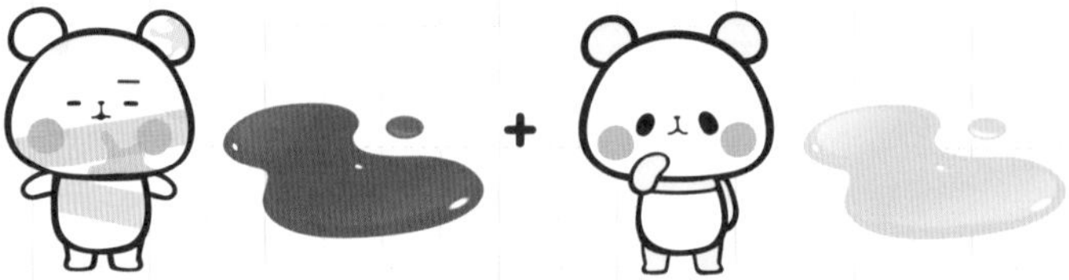 →？

㋐茶色　㋑黒　㋒緑（みどり）　㋓黄色　㋔むらさき

もちっと問題（もんだい）

にをまぜると何色になるかな？

3分でとけるかな？

やさしい

ちびぱんレンジャーたちが絵の具で遊んでいるよ。2つの色をまぜたら何色にかわるかな？
下のア～オからえらんでね。

1  →？

2  →？

3 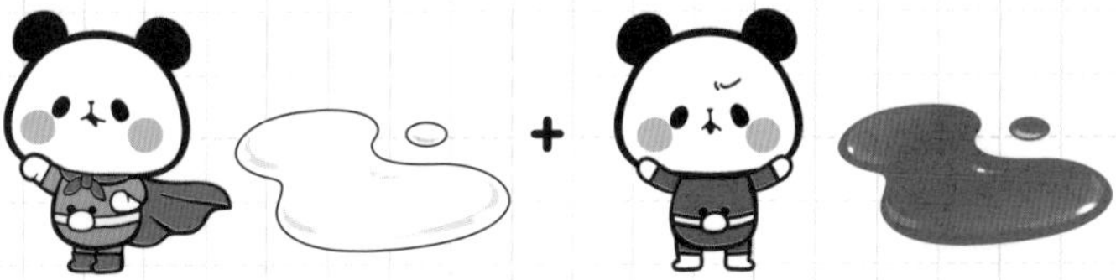 →？

ア 茶色　イ むらさき　ウ オレンジ　エ 黄色　オ ピンク

こたえは67ページ

かかった時間　　分

もちっとヒントをちょうだい！

わからなかったら実際に絵の具をまぜてみよう！
色の変化が楽しいよ。

もんだい 5

世界の国と国旗

とりくんだ日　　月　　日

ちびぱんたちが海外旅行をしたよ。どこの国に行ったかわかるかな？ ア～ク からえらんで答えよう。

もちっと問題

1 は「自由の〇〇〇像」だよ。〇〇〇に入るひらがなは？

3分でとけるかな？

やさしい

5

6

7

8

ア アメリカ　イ イギリス　ウ オーストラリア　エ イタリア

オ インド　カ メキシコ　キ スペイン　ク フランス

こたえは67ページ

かかった時間　　分

もちっと問題（もんだい）

 は、ドイツとオランダどっちの国？

もんだい 6

立体めいろ

とりくんだ日　月　日

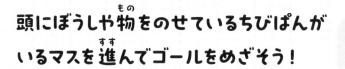

頭にぼうしや物をのせているちびぱんがいるマスを進んでゴールをめざそう！

矢じるしの方向しか進めないよ！

スタート

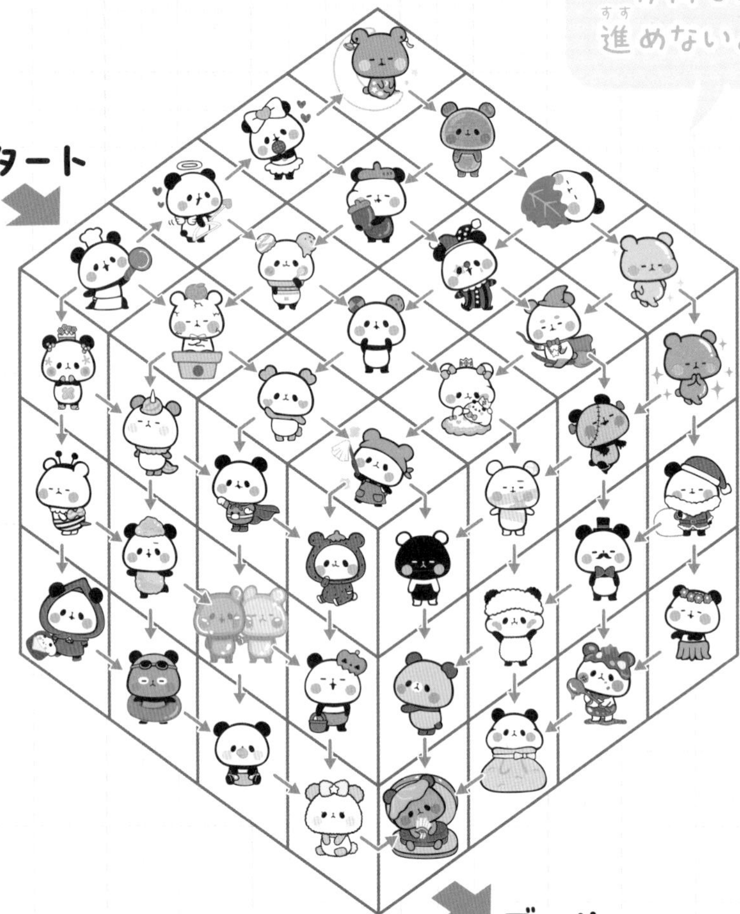

ゴール

もちっと問題

右のめいろの中で、頭にぼうしや物をのせていないちびぱんたちは何びきいるかな？

5分でとけるかな？

やさしい

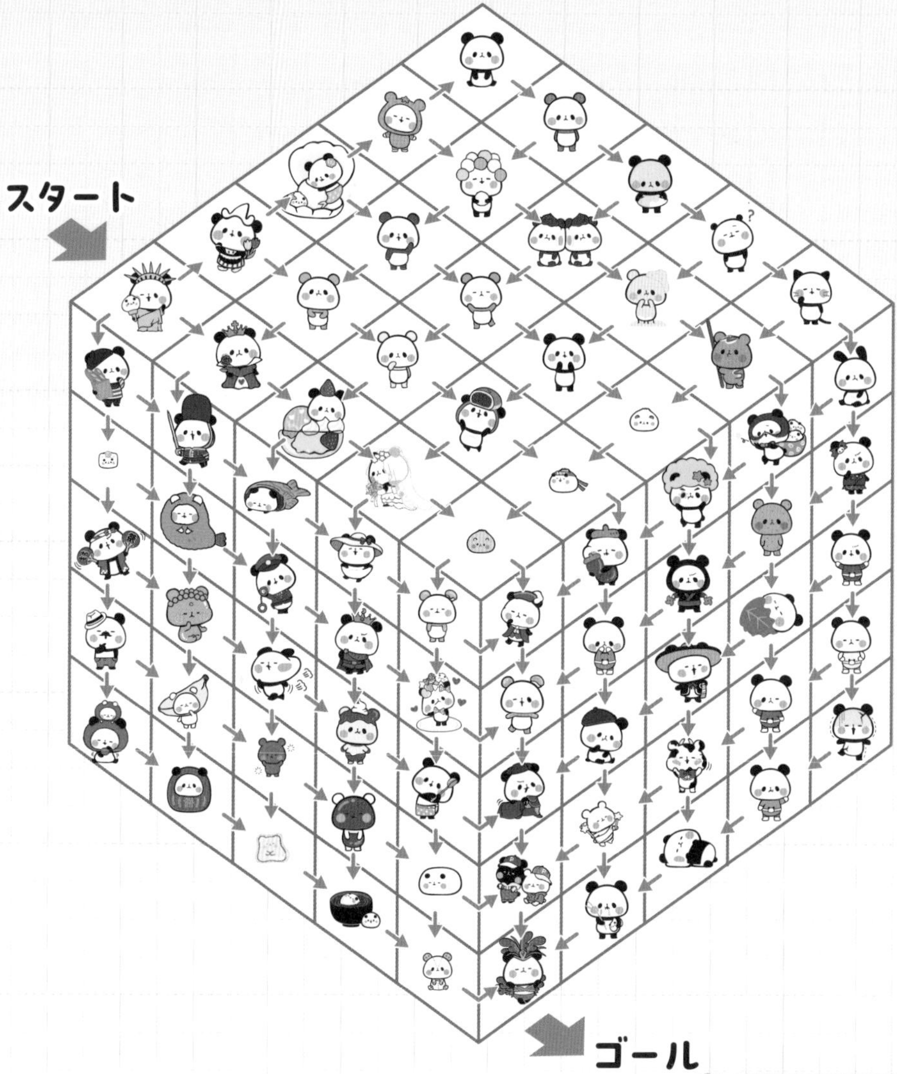

こたえは68ページ

かかった時間

分

もちっとヒントをちょうだい！

ひっかけルートに行かないように気をつけよう！

もんだい

7 生活じょうしき

とりくんだ日

月　日

1 ちびぱんが水に落ちちゃったよ。

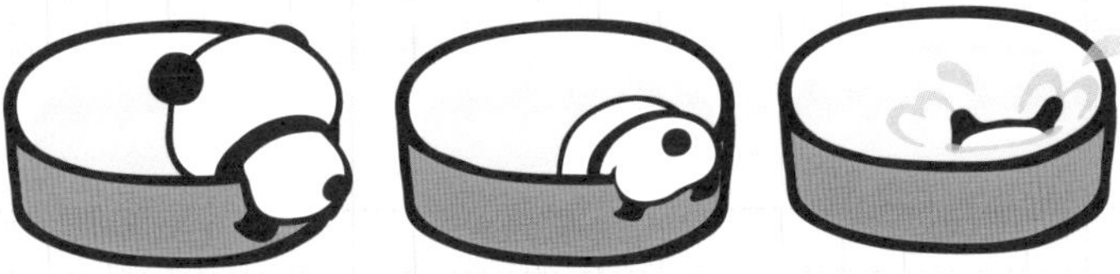

ちびぱんが落ちる前と後で、水面の高さはどうなるかな？

ア 上がる　　イ 下がる　　ウ かわらない

2 しずんでいたまっしろぱんが、うかび上がってきたよ。

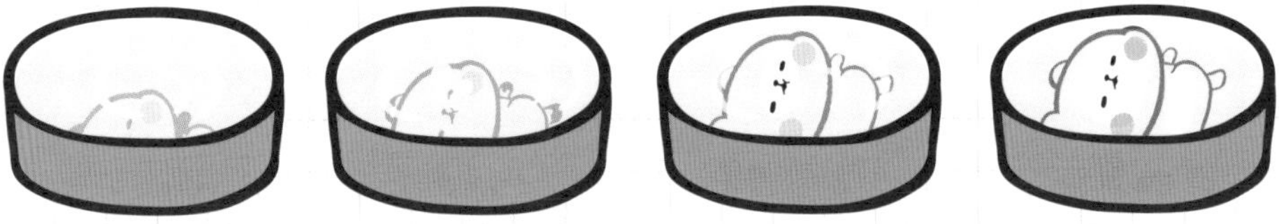

まっしろぱんがうかぶ前と後で、水面の高さはどうなるかな？

ア 上がる　　イ 下がる　　ウ かわらない

もちっと問題

くろぱん  はどこにいるかな？

5分でとけるかな？

やさしい

3 地球と月では重力がちがうよ。月で体重計に乗ると、地球での重さの $\frac{1}{6}$ になるんだ。
地球で計ったでかぱんの体重が30kgだったとき、月で体重計に乗ると、何kgになっているかな？

ア 30kg　イ 180kg　ウ 5kg

こたえは68ページ

かかった時間　　分

もちっとヒントをちょうだい！

月は重力が弱いから、体が軽くなったように感じるよ。

もんだい 8

道のり

とりくんだ日
月　日

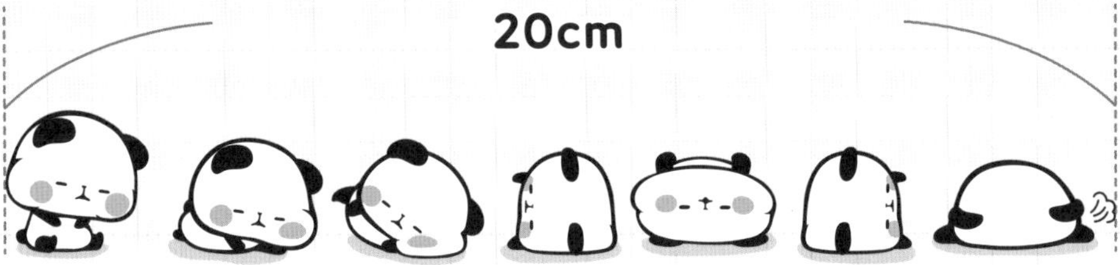

1 でかぱんが１回転がると、はじめの場所より20cm進んだよ。
１m遠くに行くには、あと何回転がればいいかな？

2 でかぱんが同じ方向に４回転がった後、反対方向に２回転がってもどったよ。でかぱんは最初にいた場所から何cm進んだかな？

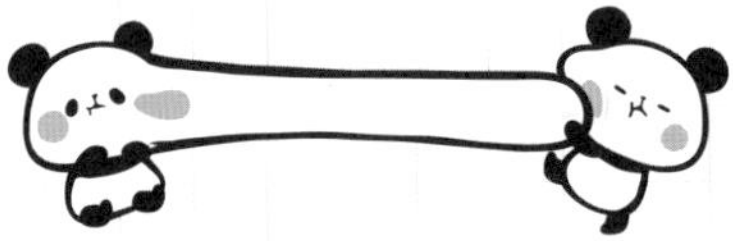

もちっと問題

でかぱんが2回半転がると、何cm進めるかな？

5分でとけるかな？

やさしい

3 くろぱんは、一度ににくまんぱんを3びきまで運ぶことができるよ。

にくまんぱんが20ぴきいるとき、くろぱんはにくまんぱんを運び終えるまで、何回おうふくすればいいかな？

こたえは69ページ

かかった時間

分

もちっとヒントをちょうだい！

6おうふくだと運び終わらないよ。

もんだい 9 立体を数える

とりくんだ日
月　日

ひしもちぱんがつまれているよ。全部で何びきいるかな？

1

2

もちっと問題

1 2 3 を真上から見たら、それぞれ何びき見えるかな？

5分でとけるかな？

やさしい

3

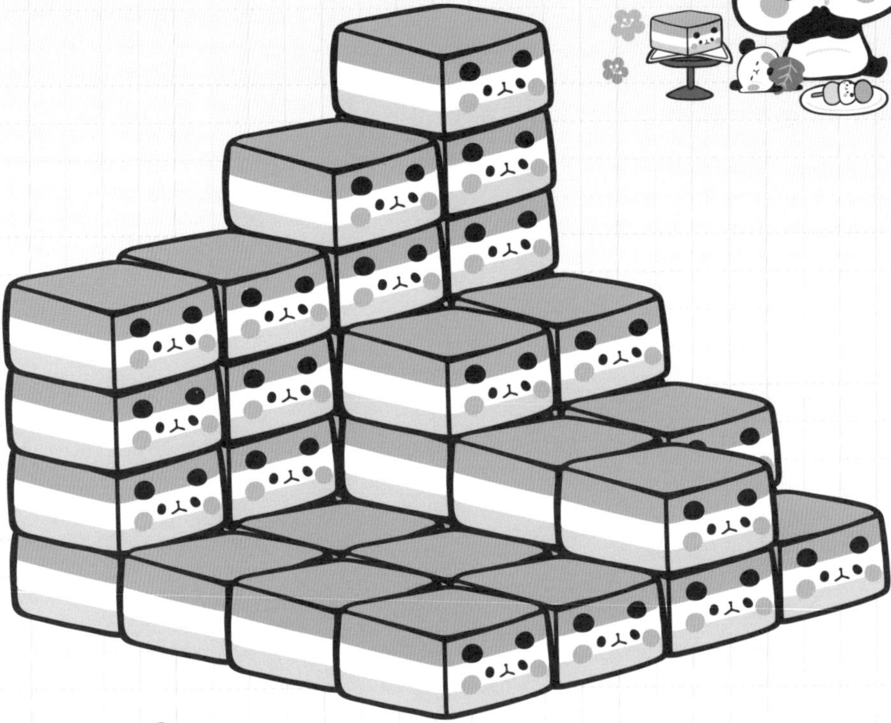

こたえは69ページ

かかった時間

分

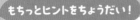

もちっとヒントをちょうだい！

たての1列(れつ)ごとに数えた数を書きこんでおくと
ミスがなくなるよ。

もんだい

10 おにぎりの注文

とりくんだ日

月　　日

おしゃれぱん、ちびぱんイエロー、シルバーぱんが
それぞれ２回ずつおにぎりの注文をしたよ。
２回目の注文が終わった時、シェフぱんは
みんなのために何のおにぎりを
いくつ作ればいいかな？

シェフぱん

１回目の注文

しゃけが
2こほしいな。
おしゃれぱん
うめぼしを
3こ食べたいな。
ツナマヨを2こ！
ちびぱんイエロー
シルバーぱん

もちっと問題

もし1回目の注文でおにぎりを作っていた場合、
2回目の注文の後、あまるのは何のおにぎりかな？

5分でとけるかな？

やさしい

2回目の注文

さっきの注文につけたしで、
おにぎりを3こちょうだい。
具は、ツナマヨ、うめぼし、
こんぶを1こずつがいいな。

ちびぱんイエロー

シルバーぱん

うめぼしを3こ注文
したんだけど、やっぱり
1こだけでいいな。

さっきの注文取り消しで！
ツナマヨを1こと、
うめぼしが1こほしいな。

おしゃれぱん

こたえは70ページ

かかった時間

分

もちっとヒントをちょうだい！

シェフぱんになりきった気持ちでメモを取ってみよう。

もちっとなぞなぞ

1

やいてもやいても
黒こげにならないもちって
な～んだ？

2

ひっくり返(かえ)すと
軽(かる)くなる動物(どうぶつ)って
な～んだ？

3

「ストロベリー」は
なにごでしょう？

こたえは79ページ

レベル2

ふつう

次は、ちょっとレベルを上げた問題だよ。
計算問題が出てくるけど、
とけるかな？

もんだい

11 数えてさがそう

とりくんだ日　　月　　日

29ページの図を見ながらそれぞれの数を数えて、1～6の問題に答えよう。

ピエロぱん　ひめぱん　アイスぱん　まろぱん　まゆぱん　アフロぱん　いちごぱん

1 ピエロぱんと同じ数なのはだれかな？

2 ひめぱんよりアイスぱんは何びき多い？

3 まろぱんとピエロぱんを足した数はいくつ？

4 まゆぱんとひめぱんをかけた数はいくつ？

5 アフロぱんとアイスぱんをかけた数はいくつ？

6 下のならびになっているところをさがそう。

もちっとヒントをちょうだい！

計算がむずかしい時は筆算をしてみよう。

15分でとけるかな？

やさしい　ふつう

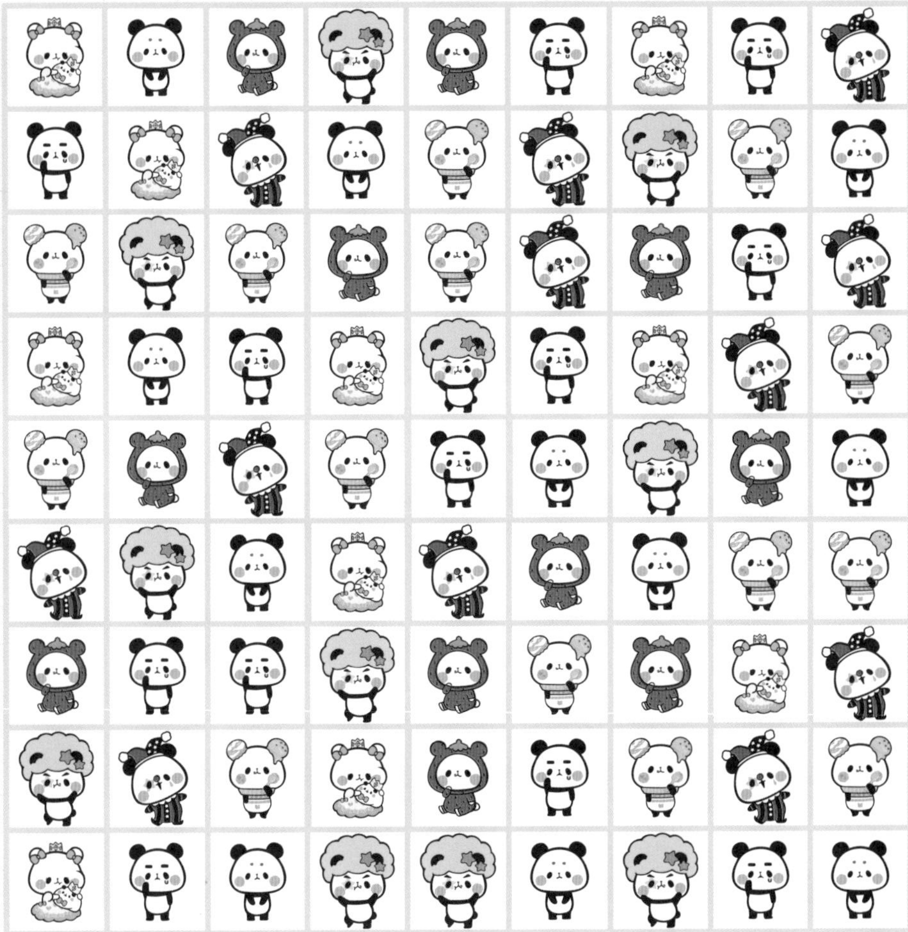

こたえは70ページ

かかった時間

分

もう1問！

29ページにいるまゆぱんの数を3でわるといくつ？

もんだい 12

イジワル問題

とりくんだ日　月　日

下にある5つの点すべてを通る円をかいてね。
ただし、かいていい円は1つだけだよ！

みんな、
やってみて！

もちっとヒントをちょうだい！

この問題は「イジワル問題」だから、
普通に考えたらダメだよ！

3分でとけるかな？

やさしい　ふつう

うーん、うまくいかん……。

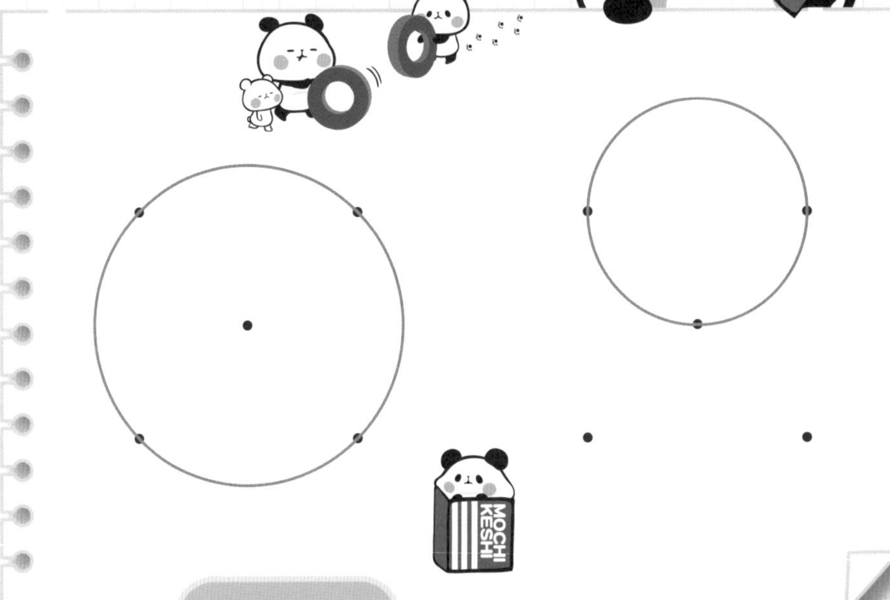

引っぱってみるとか？

だったらまほうで……。

こたえは70ページ

かかった時間

分

もちっとヒントをちょうだい！

「丸」とか「○」じゃなくて、
わざわざ「円」としてるところがポイントだよ！

もんだい 13

ならび方

とりくんだ日　　月　　日

わらびもちぱん

1 わらびもちぱんは、わらびもちぱんどうしでならぶとくっついちゃうよ。
間にきなこもちぱんがはさまると、わらびもちぱんどうしがくっつかないよ。
全部で6ぴきのわらびもちぱんがくっつかずに横一列にならびたい時、きなこもちぱんは最低何びきいればいいかな？

きなこもちぱん

もちっと問題

32ページと33ページで、
わらびもちぱんは全部で何びきいるかな？

5分でとけるかな？

やさしい　ふつう

2 全部（ぜんぶ）で6ぴきのわらびもちぱんが、わになるようにならびたい時、きなこもちぱんは最低（さいてい）何びきいれば、全員（ぜんいん）のわらびもちぱんがくっつかないかな？

かんたんな図にしてみるとわかりやすいよ。

こたえは71ページ

かかった時間　　分

もちっとヒントをちょうだい！

わらびもちぱんを○、きなこもちぱんを△として
図を書いてみよう。

もんだい

14 仕事算

とりくんだ日

月　日

ちびぱんたちがおでんを作るよ。2ひきでおでんの用意をすると、終わるまで40分かかるよ。
あと2ひき、同じ早さで用意ができるちびぱんも呼んできて、4ひきでいっしょに用意をしたら、何分かかるかな？

もちっと問題

34ページにもちきんちゃくぱん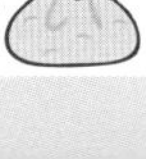は何びきいるかな？

早く食べたいなぁ。

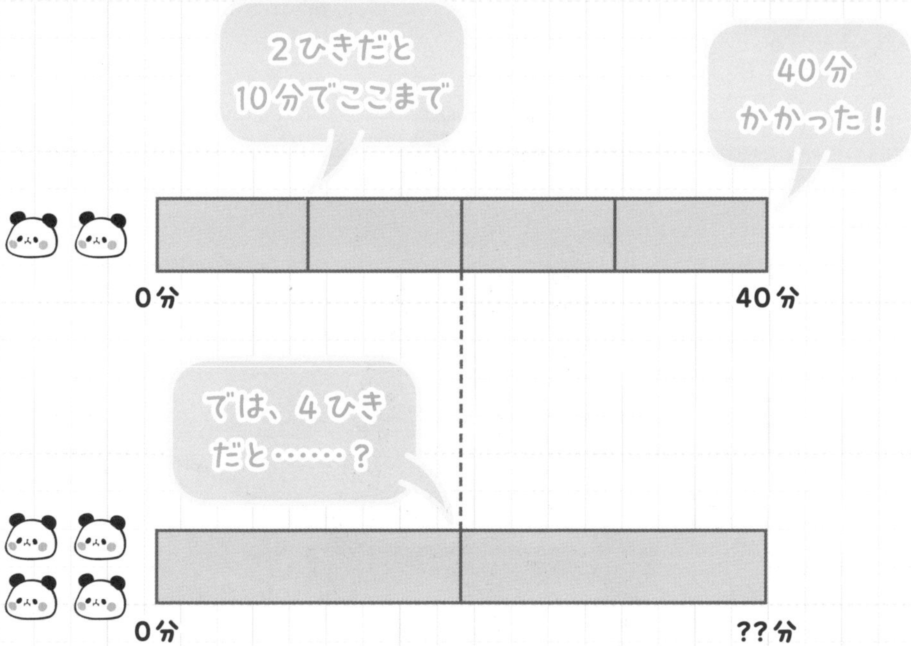
2ひきだと
10分でここまで
40分
かかった！
0分
40分
では、4ひき
だと……？
0分
??分

こたえは71ページ

かかった時間

分

もちっとヒントをちょうだい！

みんなでやれば早く終わるよね。

もんだい 15

かがみ問題

とりくんだ日　　月　　日

かがみにうつるすがたは、ア～エのうちどれかな？

もちっと問題

36ページににくまんぱん は何びきいるかな？

2分でとけるかな？

やさしい　ふつう

ア

イ

ウ

エ

ちなみに、LOVEは英語で「愛」って意味じゃ。

こたえは72ページ

かかった時間　　分

もちっとヒントをちょうだい！

かがみにうつるものは、上下がそのままで、左右は反対になるよ。

もんだい 16

レストランの注文

とりくんだ日
月　日

あかずきんぱん、アイスぱん、レインボーぱん、くまぱん、ゆめかわぱんでレストランに行ったよ。
全員、にくまんぱん、プリンまんぱん、チョコまんぱん、ゴマだんごぱんのどれか1つを注文したよ。
みんなが何を注文したか当てよう！

- あかずきんぱんとくまぱんは同じメニューを注文したよ。
- にくまんぱんを注文したのは、あかずきんぱんでもアイスぱんでもないよ。
- プリンまんぱんを注文したのは、レインボーぱんでもくまぱんでもないよ。
- ゴマだんごぱんを注文したのは、レインボーぱんでもアイスぱんでもないよ。
- チョコまんぱんを注文したのは、ゆめかわぱんだけだよ。

もちっと問題

38～39ページにかくれている、さくらもちまんぱん  をさがそう！

10分でとけるかな？

やさしい　ふつう

	あかずきんぱん	アイスぱん	レインボーぱん	くまぱん	ゆめかわぱん
にくまんぱん					×
プリンまんぱん					×
チョコまんぱん					○
ゴマだんごぱん					×

注文していないものには×、
注文したものには○をしよう。

こたえは72ページ

かかった時間

分

もちっとヒントをちょうだい！

あかずきんぱんとくまぱんはセットで考えよう！

もんだい 17

住んでいるのはだれかな？

とりくんだ日　　月　　日

下の絵のような、4つのビルが建っていて、これらのいずれかべつべつの部屋に、次の5ひきが住んでいるよ。ちびぱんたちの話を聞いて、タルトの1階に住んでいるのはだれか、当てよう！

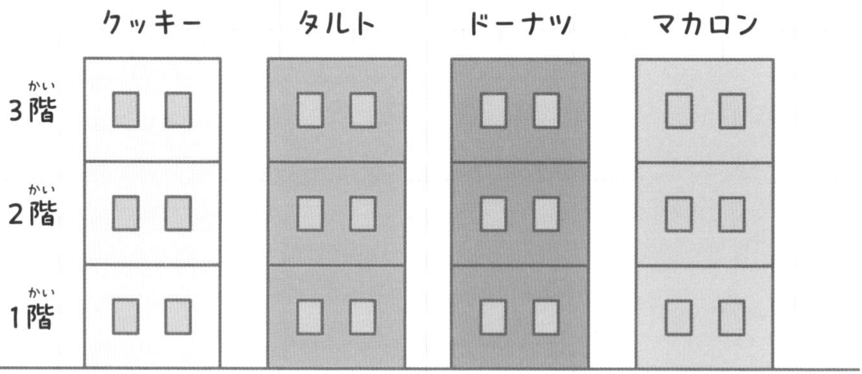

もう1問！

クッキーの2階に住んでいるのはだれかな？

やさしい　ふつう

ヒーローぱんはマカロンに
住んでいて、うしぱんとは
住んでいる階がちがうみたい。

うしぱんは、ヒーローぱんが
住んでいるビルととなり合った
ビルに住んでいるよ。

まじょぱんとてれぱんの2ひきだけが、
同じビルに住んでいるよ。でも、
そのビルは、うしぱんが住んでいる
ビルとはとなり合っていないよ。

まじょぱんより下の階に
住んでいるのは、
ハートぱんだけだよ。

こたえは73ページ

かかった時間

分

もちっとヒントをちょうだい！

まず、うしぱんが住んでいるビルをさがそう。次に、
まじょぱんとてれぱんが住んでいるビルを考えるといいよ。

もんだい

18 まちがいさがし

とりくんだ日
月　日

42ページと43ページの絵をくらべてちがうところを
10かしょ見つけよう。

もちっと問題

42ページにいるちびぱんは全部で何びきかな？
（しろぱんとくろぱんは数えないよ。）

5分でとけるかな？

やさしい　ふつう

こたえは74ページ

かかった時間

分

もちっとヒントをちょうだい！

文字のところも見てみよう。

もんだい 19

着いた順番とおみやげ

とりくんだ日　月　日

きぐるみぱん、うしぱん、ぷくぷくぱんの
3びきのちびぱんたちがおかしを1つずつ持って、
おしゃれぱんのお家に遊びに行くことになったよ。
下のメモを読んで、おしゃれぱんの家に着いた順番と、
持ってきたおかしを当てよう！

- うしぱんは、クッキーを持ってきたよ。
- クッキーを持ってきたちびぱんは、最後に着いたよ。
- カップケーキを持ってきたちびぱんは、走ってきたよ。
- バスできたちびぱんは、わたあめを持って最初に着いたよ。
- 2番目に着いたちびぱんは、走ってきたよ。
- ぷくぷくぱんは走ったけど、とちゅうでバスに乗ったよ。

もちっと問題

おしゃれぱんがマカロンを28こ用意してくれたよ。
4ひきで分けたら1ぴき何こずつかな？

10分でとけるかな？

やさしい　ふつう

ようこそ！

おしゃれぱん

おしゃれぱんの家

	1着	2着	3着
ちびぱん			
おみやげ			

ちびぱん

きぐるみぱん

うしぱん

ぷくぷくぱん

おみやげ

カップケーキ

クッキー

わたあめ

こたえは74ページ

かかった時間

分

もちっとヒントをちょうだい！

わかっていることから表に書き込んでみよう！

もんだい 20

発言推理（はつげんすいり）

とりくんだ日　　月　　日

アイドルぱんのライブがあるよ。

ちびぱん、しろぱん、くろぱんがチケットのちゅうせんにおうぼしたんだって。

この中で1ぴきだけが当たったよ。

ちびぱん、しろぱん、くろぱんのうち、2ひきが本当のことを言っていて、1ぴきだけうそをついている時、チケットが当たったのはだれかな？

もちっと問題（もんだい）

3びきに1ぴきがチケットに当たるみたい！
12ひきおうぼした時、当たるのは何びき？

5分でとけるかな？

やさしい　ふつう

くろぱんは
はずれたよ。
しろぱんは
当たったよ。

ちびぱんは
はずれたよ。
しろぱんは
当たったよ。

ちびぱん　しろぱん　くろぱん

しろぱんははずれたよ。
ちびぱんは当たったよ。

こたえは75ページ

かかった時間

分

もちっとヒントをちょうだい！

ちびぱんとしろぱんは言っていることが反対だね。
ということは、どちらかがうそをついている……？

もちっとなぞなぞ

4

すてないと
カラになっちゃう
おかしって、な～んだ？

5

とってもおいしい
おこのみやきは
何まい？

6

かしわもち、たいやき、
どらやき、だんご……
さんじのおやつはど～れだ？

こたえは79ページ

レベル3

むずかしい

最後は、ちょっとむずかしい問題に
ちょうせんだ！ 問題文をじっくり読んで、
自分のペースで進めよう。

もんだい 21

うそつき問題

とりくんだ日
月　日

ねこぱんは月・火・水曜日にうそをつくよ。

うさぱんは木・金・土曜日にうそをつくよ。

2ひきともそれ以外の曜日には本当のことを言うよ。

	月	火	水	木	金	土	日
ねこぱん	うそ	うそ	うそ	本当	本当	本当	本当
うさぱん	本当	本当	本当	うそ	うそ	うそ	本当

たとえば日曜日は2ひきとも本当のことを言うよ。

きのうは本当のことを言う日だったよ。
きのうはうそをつく日だったよ。

ねこぱん　うさぱん

もちっと問題

2ひきとも「明日はうそをつく日だよ」と言うのは何曜日？

10分でとけるかな？

やさしい　ふつう　むずかしい

1 2ひきが次のようにいっている時、今日は何曜日？

きのうはうそを
つく日だったよ。

きのうはうそを
つく日だったよ。

2 次の場合、今日は何曜日？

明日は本当のことを
言う日だよ。

明日は
うそをつく日だよ。

こたえは75ページ

かかった時間
分

もちっとヒントをちょうだい！

今日うそをついているかもしれない！
と気をつけてみよう。

もんだい

22 順位

とりくんだ日　月　日

ちびぱんたちが運動会をしました。
みんなに順位を聞いたところ、次のように答えたよ。
5ひきがゴールした順位を当てよう！

ちびぱんより下の
順位は2ひきいて、
そのうちの1ぴきは
まじょぱんだったよ。

ゾンビ〜ぱんは
うさぱんより早く
ゴールしていたよ。

ゴールドぱんの次に
ゴールしたのは
ゾンビ〜ぱんだったよ。

もちっと問題

一番おそくゴールしたのはだれかな？

5分でとけるかな？

やさしい　ふつう　むずかしい

まじょぱんは
うさぱんの次に
ゴールしたよ。

ちびぱんの次に
うさぱんが
ゴールしていたよ。

まじょぱん

ゾンビ〜ぱん

1位	2位	3位	4位	5位
?	?	?	?	?

こたえは76ページ

かかった時間
分

もちっとヒントをちょうだい！

次にゴールしたちびぱんどうしをくっつけて考えよう。

もんだい

23 絵さがし

とりくんだ日

月　日

下にある絵の中から、いろんなちびぱんをさがしてみよう！

もちっと問題

このページのキャラクターは全部でおよそ何びきいると思う？

ア 100ぴき　イ 200ぴき　ウ 300ぴき

3分でとけるかな？

やさしい　ふつう　むずかしい

1

おしゃれぱんはどこにいるかな？

おしゃれぱん

2

プリンぱんは何か落としちゃったみたい。落とした物は何かな？

プリンぱん

3

かしわもちぱんはどこにいるかな？

かしわもちぱん

4

シェフぱんのとなりにある食べ物は何かな？

シェフぱん

5

アイドルぱんを引っぱっているのは何びき？

アイドルぱん

こたえは76ページ

かかった時間

分

もちっとヒントをちょうだい！

プリンぱんは、頭の上にのっている物を落としたみたいだよ。

もんだい 24

せきじゅん

とりくんだ日　　月　　日

アイドルぱんのライブが開かれているよ。
右の絵のようなざせきのうち、○でかこんだそれぞれのせきに、次の6ぴきがすわっているとします。
今、㋐～㋓のことがわかっているとき、一番後ろのせきにすわっているのはだれかな？

しろぱん　ヤンぱん　おしゃれぱん　おにぱん　へんてこぱん　デビルぱん

㋐ デビルぱんの1つおいた左にヤンぱんがすわっているよ。

㋑ おしゃれぱんより後ろに、しろぱん、ヤンぱんがすわっているよ。

㋒ おにぱんより後ろにおしゃれぱんがすわっているよ。

㋓ しろぱんより前におにぱんがすわっているよ。

もちっとヒントをちょうだい！

㋐と㋑から、デビルぱんとヤンぱんのすわっているせきがわかるよ。

15分でとけるかな？

やさしい　ふつう　むずかしい

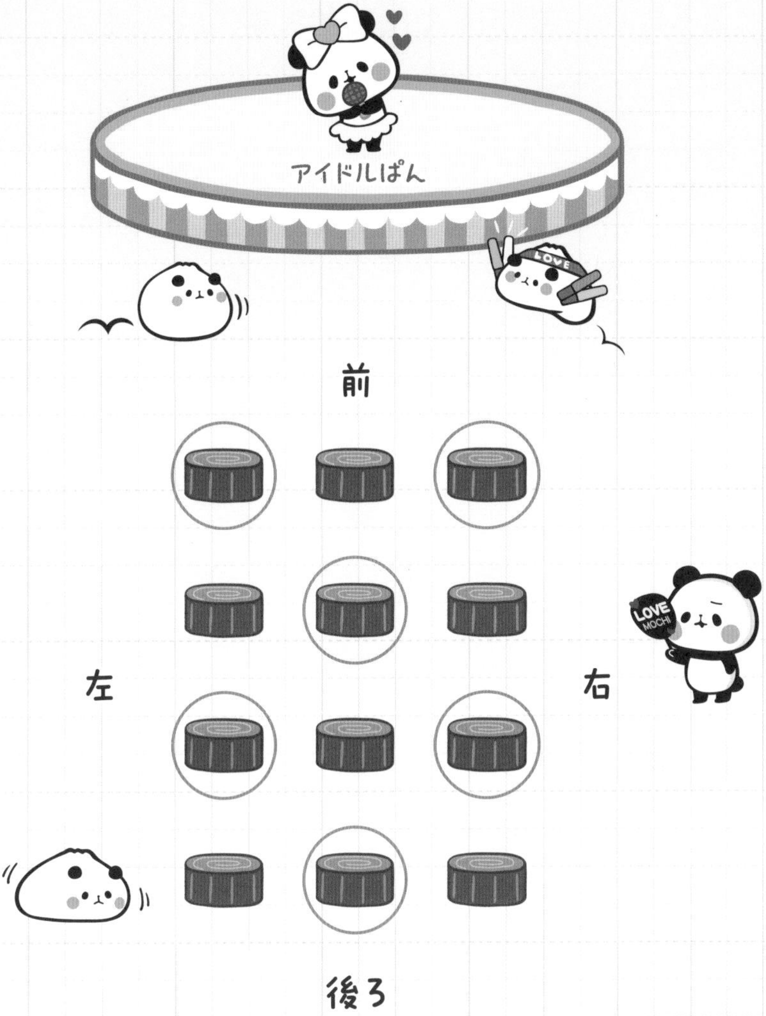

こたえは77ページ

かかった時間

分

もう1問（もん）!

前から2列目（れつめ）のせきにすわっているのはだれかな？

もんだい 25

ならび方

とりくんだ日　　月　　日

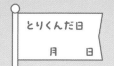

高いところにいるちびぱんたちから順番(じゅんばん)に、右から横一列(よこいちれつ)にならんでいるよ。

右にいるのが一番高いところにいるちびぱんだよ。

ならび順(じゅん)について、みんなが次(つぎ)のように言っているとき、一番高いところにいるのはどのちびぱんかな？

ア～オからえらんでね。

もちっと問題(もんだい)

さるぼぼから見て左どなりにならぶのはどのちびぱんかな？

ア～オからえらんでね。

5分でとけるかな？

やさしい　ふつう　むずかしい

ア
ここは
4番目に低いよ。
イ
ここは
かきより高いよ。
MOCHI♥MOCHI
PANDA
ウ
2番目に高いよ。
……。
エ
OSAKA
さるぼぼよりは
高いよ。
オ
MILK

こたえは77ページ

かかった時間
分

もちっとヒントをちょうだい！

場所（ばしょ）がわかったちびぱんから？に当てはめてみよう。

もんだい
26 正直村とうそつき村

とりくんだ日
月　日

正直村とうそつき村という2つの村へ向かう分かれ道があるよ。でも、A、Bどちらの道が正直村へ向かう道なのかはわからないよ。そんな時、どちらかの村に住んでいるちびぱん（デビルぱん）を見つけたよ。このちびぱんに1問だけ質問ができるとして、どう質問すれば正直村に行けるかな？
ア～オからえらんでね。
ただし、正直村のちびぱんは必ず正しい答えを言って、うそつき村のちびぱんは必ずうそを言うけど、知っていることを「知らない」「わからない」といううそは言わないよ。

道案内するよ！
デビルぱん
どっちが
正直村に
行く道なの？
A
B

もちっとヒントをちょうだい！

デビルぱんだからといって、
うそつき村に住んでるとはかぎらないからね！

10分でとけるかな？

やさしい　ふつう　むずかしい

ア
正直村はどっち？
ユニコーンぱん
イ
今日(きょう)は
いい天気だね！
ピエロぱん
ウ
キミの住(す)んでいる
村を教えて？
ちびみみぱん
エ
正直村へはBの道を
行けばいいのかな？
てれぱん
オ
キミの住(す)んでいる
村はAのほう？
どんぐりぱん

こたえは78ページ

かかった時間

分

もちっとヒントをちょうだい！

デビルぱんが正直だったらどう答えるだろう……、
うそつきだったら……、と考えてみよう。

もんだい

27 写真さつえい

とりくんだ日　　月　　日

ちびぱんの写真をとるよ。
いくつかおねがいをしてポーズをとってもらうとき、最後にちびぱんがとっているポーズはどれかな？

ポーズのルールは下のとおりだよ。

- ●…右手を上げてね
- ▲…ねっ転がってね
- ◆…本を持って
- ■…左手を上げて
- ★…一つ前のおねがいを取り消す
- ♡…すわって

ちびぱんは立って、手に何も持っていないところからさつえいをスタートするよ。

もちっと問題

▲→★→♡→★→◆の場合、どんなポーズになるかな？
ア～キからえらんでね。

15分でとけるかな？

やさしい　ふつう　むずかしい

〈れい〉

●→■→★なら、右手を上げる→左手を上げる→一つ前のおねがいを取り消すなので、最後のポーズは「右手を上げる」だけでOK。

1～3の場合、正解のポーズをとっているちびぱんはどれかな？　ア～キからえらんでね。

1 ▲→◆→★

2 ▲→◆→♡→▲→★

3 ■→★→●→★→♡

ア

イ

ウ

エ

オ

カ

キ

こたえは79ページ

かかった時間

分

もちっとヒントをちょうだい！

1回ずつポーズを決めるちびぱんを想像してみよう。

もちっとなぞなぞ

7

おなかが空いた
パンダの手にできる
ものって、な～んだ？

8

「つき」は「つき」でも
血をすう「つき」って
な～んだ？

9

「かき」は「かき」でも
火を消せるかきって
な～んだ？

こたえは79ページ

答え

今までの問題の
答え合わせをしよう！
全問とけたかな？

もんだい 1

1 ▶ ク

2 ▶ イ

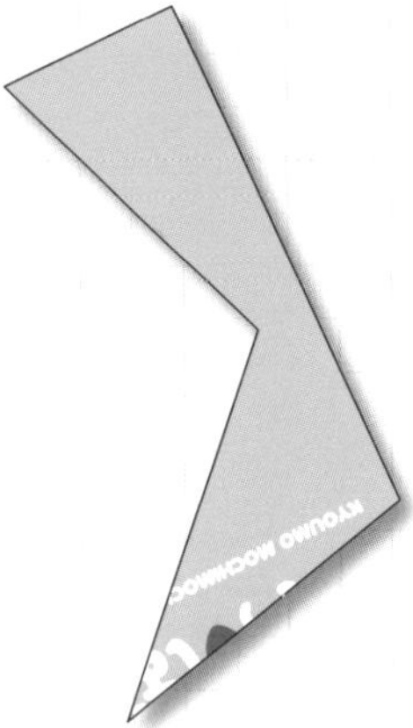

もちっと問題 ▶ 12ひき

もんだい 2

- くろぱんの投げているシュウマイぱんがしらたまぱんにかわっている
- シェフぱんのぼうしがなくなっている
- おそうじぱんの口が開いている
- えのぐぱんの耳の色が黄色になっている
- アイドルぱんの顔がかわっている

もちっと問題 ▶ 21ぴき

もんだい 3

1 ▶ エ、オ　2 ▶ ウ、カ　3 ▶ ア、キ

	春	夏	秋	冬
行事やきせつのイベント	花見、ひなまつり	花火	月見	クリスマス、じょ夜のかね
生き物	おたまじゃくし、つばめ	せみ、ほたる	こおろぎ、きりぎりす	白鳥、つる
花や食べ物	たんぽぽ、さくら	あじさい、すいか	ぶどう、きく	大根、みかん

もちっと問題 ▶ 9ひき（五人ばやしはいずれもしろぱんだよ）

もんだい 4

もちっと問題 ▶ 水色

もんだい 5

1 ▶ ア アメリカ 　2 ▶ ク フランス 

3 ▶ イ イギリス 　4 ▶ エ イタリア 

5 ▶ キ スペイン 　6 ▶ ウ オーストラリア 

7 ▶ オ インド 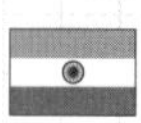　8 ▶ カ メキシコ 

もちっと問題 ▶ めがみ　もちっと問題 ▶ オランダ

もんだい 6

頭にぼうしや物をのせていないちびぱん→ ○

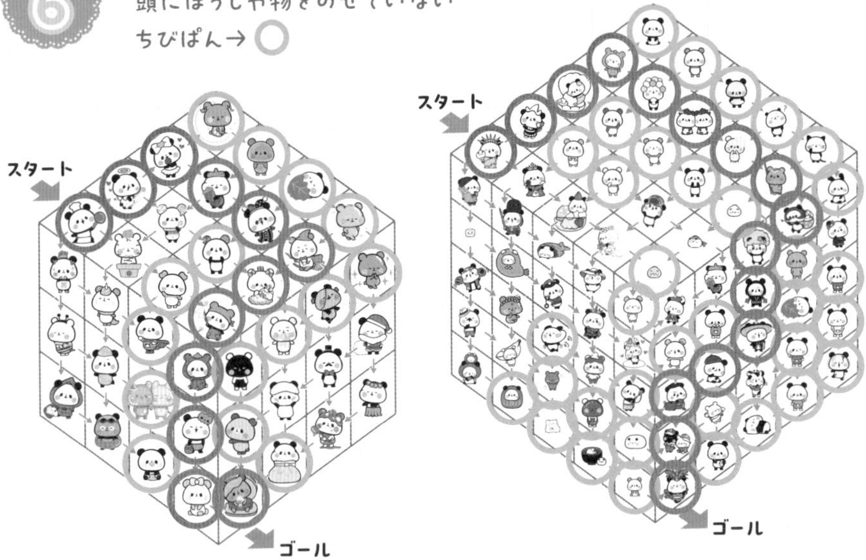

もちっと問題 ▶ 35ひき

※スタートからゴールまでは、ほかの行き方もあるよ。

もんだい 7

1 ▶ ア

水の中に物を入れると、そのかさ(体積)の分だけ水をはねのけるから、はじめの水面の高さから、ちびぱんのかさの分だけ水面は高くなるよ。

2 ▶ ウ

元々しずんでいたまっしろぱんがういてきただけなので、水面の高さはかわらないよ。

3 ▶ ウ

地球では「重力」という力がはたらいていて、地球に引っぱられて物の重さを感じるよ。30÷6＝5kgで答えはウだよ。月ではその重力が弱いから、体重計で重さを計ると軽くなったように見えるんだ。

もちっと問題 ▶ ○

もんだい 8

1 ▶ 4回

1mは100cmだから、でかぱんはあと80cm進むひつようがあるよ。1回で20cm進むから、80÷20=4で答えは4回だよ。

2 ▶ 40cm

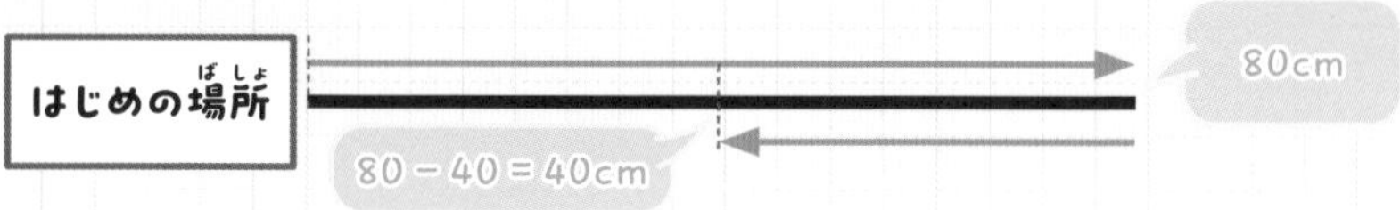

でかぱんが同じ方向に4回転がった後は、はじめの場所より80cm進んでいるよ。その後、反対方向に2回転がると、20×2=40で、40cmもどったことになる。80cm進んだ後、40cmもどったということだから、80−40=40で、はじめの場所より40cm進んだことがわかるね。

3 ▶ 7回

くろぱんが1回で3びきのにくまんぱんを運ぶ時、20÷3=6あまり2だから、6回で18ぴきのにくまんぱんを運び終えるよ。あと1回でのこりの2ひきを運べばいいから、6+1=7で、7回くろぱんがおうふくすれば20ぴきのにくまんぱんを運び終えるとわかるよ。

もちっと問題 ▶ 50cm

もんだい 9

1 ▶ 10ぴき　2 ▶ 11ぴき　3 ▶ 38ぴき

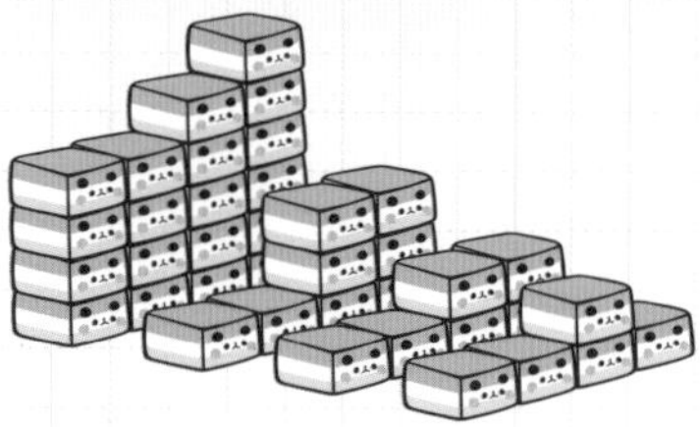

もちっと問題　1 ▶ 6ぴき　2 ▶ 6ぴき　3 ▶ 16ぴき

もんだい 10

ツナマヨ4こ、うめぼし3こ、こんぶ1こ

みんなの注文を表にまとめると下のようになるよ。

	1回目の注文			2回目の注文			合計
	おしゃれぱん	ちびぱんイエロー	シルバーぱん	おしゃれぱん	ちびぱんイエロー	シルバーぱん	
しゃけ	2			−2			0
ツナマヨ		2		+1	+1		4
うめぼし			3	+1	+1	−2	3
こんぶ					+1		1

答えは、ツナマヨ4こ、うめぼし3こ、こんぶ1こだよ。

もちっと問題 ▶ しゃけのおにぎり2こ

もんだい 11

1 ▶ **まゆぱん**
(どちらも12ひきだね)

2 ▶ **4ひき**
(14−10)

3 ▶ **23**
(11+12)

4 ▶ **120**
(12×10)

5 ▶ **154**
(11×14)

もう1問! ▶ 4

6

もんだい 12

漢字の「円」をかくと、5つの点すべてを通ることができるよ。
または、5つの点すべてをぬりつぶせるくらいの極太の線で、図形の円をかいてもOK。

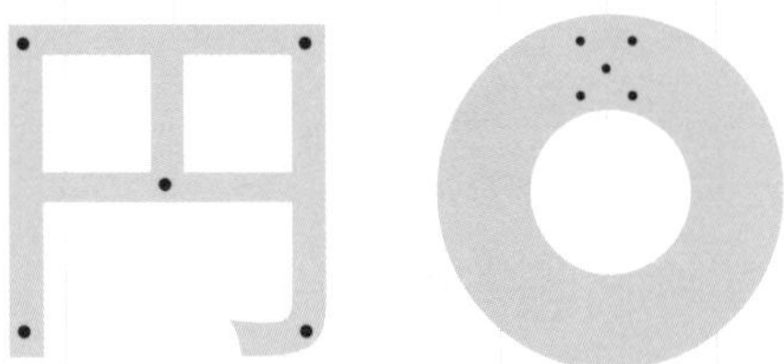

もんだい 13

1 ▶ 5ひき

横一列にならぶ時、わらびもちぱんを○、きなこもちぱんを△として図に表すと下のようになるよ。

○△○△○△○△○△○

だから、きなこもちぱんは最低5ひきいればいいとわかるね。

2 ▶ 6ぴき

わになるようにわらびもちぱんがならぶ時、右の図のようになるよ。きなこもちぱんは最低6ぴきいればいいとわかるね。

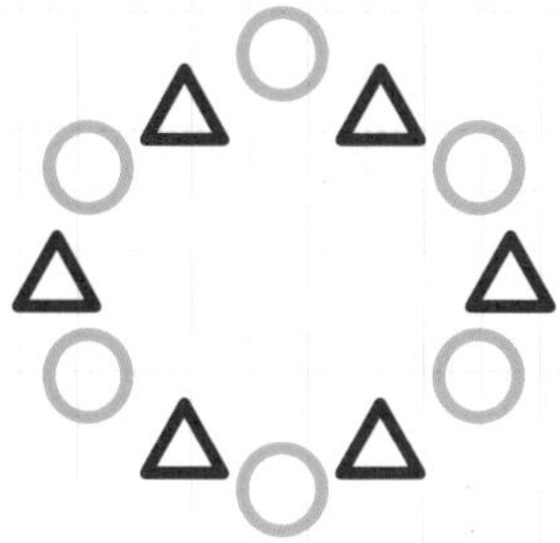

もちっと問題 ▶ 17ひき

もんだい 14 20分

ちびぱん2ひきで10分かかる用意をするとき、
同じ量だけ仕事をこなせるちびぱんがあと2ひきふえて4ひきになると、半分の5分でじゅんびを終わらせることができるよ。
この問題ではおでんの用意をするまでちびぱん2ひきで40分かかっているので、ちびぱん4ひきだと用意が終わるまで40分の半分、つまり20分あればおでんができるよ。

もちっと問題 ▶ 5ひき

もんだい 15

エ

実際にかがみにうつして見てみるといいよ。

もちっと問題 ▶ 6ぴき

もんだい 16

あかずきんぱん… **ゴマだんごぱん**

アイスぱん… **プリンまんぱん**

レインボーぱん… **にくまんぱん**

くまぱん… **ゴマだんごぱん**

ゆめかわぱん… **チョコまんぱん**

	あかずきんぱん	アイスぱん	レインボーぱん	くまぱん	ゆめかわぱん
にくまんぱん	×	×		×	×
プリンまんぱん	×		×	×	×
チョコまんぱん	×	×	×	×	○
ゴマだんごぱん		×	×		×

あかずきんぱんとくまぱんは、同じメニューを注文したから一緒に考えよう。
にくまんぱん→あかずきんぱん(くまぱん)、アイスぱんは注文していないよ。
プリンまんぱん→レインボーぱん、くまぱん(あかずきんぱん)は注文していないよ。
ゴマだんごぱん→レインボーぱん、アイスぱんは注文していないよ。
チョコまんぱん→ゆめかわぱんが注文したよ。
これでにくまんぱんを注文したのは、レインボーぱん。
プリンまんぱんを注文したのは、アイスぱん。
ゴマだんごぱんを注文したのは、あかずきんぱんとくまぱん。
チョコまんぱんを注文したのは、ゆめかわぱんと答えがわかるね。

もちっと問題 ▶

もんだい 17　ハートぱん

・ヒーローぱんはマカロンに住んでいて、うしぱんとは住んでいる階がちがうみたい。
・うしぱんは、ヒーローぱんが住んでいるビルととなり合ったビルに住んでいるよ。
→ヒーローぱんはマカロン、うしぱんはドーナツに住んでいることがわかるね。

・まじょぱんとてれぱんの２ひきだけが、同じビルに住んでいるよ。でも、そのビルは、うしぱんが住んでいるビルとはとなり合っていないよ。
→まじょぱん、てれぱんが住んでいるビルはクッキーということになるね。

同じビルに住んでいるのはまじょぱんとてれぱんだけだから、のこるハートぱんはタルトに住んでいると考えられるよ。ハートぱんが何階に住んでいるかをかくにんしていこう。

・まじょぱんより下の階に住んでいるのは、ハートぱんだけだよ。
→まじょぱんが住んでいるのは１階ではないことがわかるね。
また、まじょぱんが３階に住んでいるとすると、てれぱんもまじょぱんより下の階に住んでいることになってしまうので、話が合わないよ。つまり、まじょぱんはクッキーの２階、てれぱんはクッキーの３階。
ハートぱんは、まじょぱんより下の階に住んでいるので、タルトの１階とわかるよ。

うしぱん、ヒーローぱんが住んでいる階は、２階と３階だけど、どちらが２階、３階かは決まらない。図１、図２の２通りが考えられるよ。

図１

図２

もう１問！ ▶ まじょぱん

もんだい 18

もちっと問題 ▶ 25ひき

もんだい 19

	1着	2着	3着
ちびぱん	ぷくぷくぱん	きぐるみぱん	うしぱん
おみやげ	わたあめ	カップケーキ	クッキー

わかっているところから考えよう。
うしぱんは、クッキーを持ってきたよ。クッキーを持ってきたちびぱんは、最後に着いたよ。ここから、うしぱんはクッキーを持って3番目に着いたことがわかるね。
1番目に着いたちびぱんは、わたあめを持ってバスに乗ってきたよ。
バスに乗ってきたのは、ぷくぷくぱんだから、1着はぷくぷくぱんだとわかるね。
走って2番目に着いたのは、カップケーキを持ってきたちびぱんで、まだ出てきてないのは、きぐるみぱんだから、2着はきぐるみぱんだね。

もちっと問題 ▶ 7こ

もんだい 20

しろぱん

ちびぱんがうそをついているとすると、しろぱんとくろぱんは本当のことを言っているのに、話が合わないよ。
くろぱんがうそをついているとすると、ちびぱんとしろぱんは本当のことを言っているのに、話が合わないよ。
しろぱんがうそをついているとすると、ちびぱんとくろぱんの話が合うよ。つまり、うそをついているのはしろぱんだよ。

もちっと問題 ▶ 4ひき

もんだい 21

1 ▶ 木曜日

ねこぱんとうさぱんの2ひきともが「きのうはうそをつく日だったよ」と言う日は、次の2つの場合があるよ。
ア 今日は本当のことを言う日で、きのうはうそをつく日
イ 今日はうそをつく日で、きのうは本当のことを言う日
50ページの表で当てはまる曜日をさがすと、ねこぱんはア、うさぱんはイになる木曜日が答えだよ。

2 ▶ 土曜日

ねこぱんが「明日は本当のことを言う日」と言うのは
ア 今日は本当のことを言う日で、明日も本当のことを言う日
イ 今日はうそをつく日で、明日もうそを言う日
のどちらかなので、月、火、木、金、土曜日のどれかだとわかるよ。
うさぱんが「明日はうそをつく日」と言うのは
ウ 今日は本当のことを言う日で、明日はうそをつく日
エ 今日はうそをつく日で、明日は本当のことを言う日
のどちらかなので、水曜日か土曜日だよ。
ねこぱんとうさぱんは同じ日に言ってるので、答えは土曜日だとわかるよ。

もちっと問題 ▶ 水曜日

もんだい 22

1位: **ゴールドぱん**　2位: **ゾンビ～ぱん**
3位: **ちびぱん**　4位: **うさぱん**　5位: **まじょぱん**

ちびぱんの発言より、ちびぱんの下の順位は2ひきいるから、ちびぱんは3位だとわかるよ。
下の順位のどちらかがまじょぱんだから、4位か5位がまじょぱんだね。
ゾンビ～ぱんが「ちびぱんの次にうさぱんがゴールしていた」、まじょぱんは「まじょぱんはうさぱんの次にゴールした」と言っているので、
4位がうさぱん、5位がまじょぱんだと決定するよ。
「ゴールドぱんの次にゴールしたのはゾンビ～ぱん」で、
「ゾンビ～ぱんはうさぱんより早くゴールしていた」ので、1位はゴールドぱん、2位はゾンビ～ぱんだよ。

もちっと問題 ▶ **まじょぱん**

もんだい 23

1 ▶ **ティッシュのはこの上**

2 ▶ **生クリーム**
（プリンぱんが落としたのは頭の上の生クリームで「う〇ち」じゃないよ！）

3 ▶ **絵の左はじ**

4 ▶ **おにぎり（おむすび）**

5 ▶ **6ぴき**

もちっと問題 ▶ **イ**

もんだい 24 しろぱん

㋐から、ヤンぱんとデビルぱんは左右に一直線上にならんだせきにすわっていることがわかるね。つまり、この2ひきのせきは、前から1列目か3列目。
㋑から、ヤンぱんが1列目であることはないから、ヤンぱんとデビルぱんのせきは前から3列目とわかるよ。㋐から、ヤンぱんのほうが左がわにすわっていることがわかり、図1のように決まるね。
㋑から、おしゃれぱんのせきは一番後ろの列ではなく、㋒から、一番前の列でもないよ。つまり、おしゃれぱんのせきは前から2番目の列だね。そして、㋑から、しろぱんが一番後ろのせきにすわっていることがわかるよ。
おにぱん、へんてこぱんは一番前の列にすわっているけど、せきは決まらないよ(図2)。

図1

図2

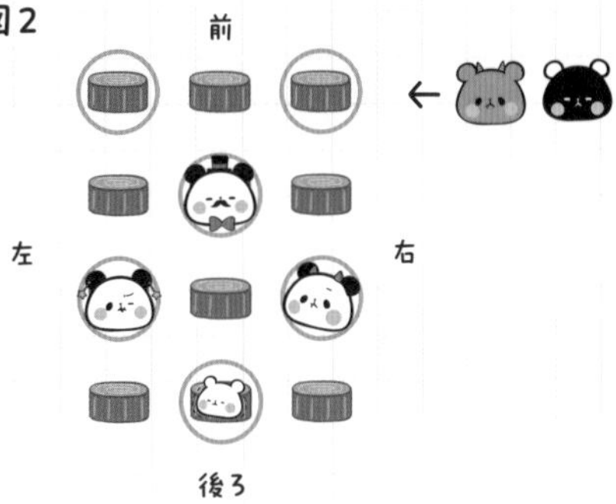

もちっと問題 ▶ おしゃれぱん

もんだい 25 ㋑

㋒の富士山は2番目に高いから、右から2番目、㋐のかきは右から3番目だとわかるよ。㋑の宇宙ロケットはかきより高いので、のこりの一番右はしが宇宙ロケットになり、㋓のたこやきはさるぼぼより高いので、左から3番目、㋔の牛乳ビンは一番左はしだとわかるよ。
答えは、左から順番に牛乳ビン(㋔)、さるぼぼ、たこやき(㋓)、かき(㋐)、富士山(㋒)、宇宙ロケット(㋑)になるよ。

もちっと問題 ▶ ㋓

オ「キミの住んでいる村はAのほう?」

たとえば、Aのほうに正直村があったとします。デビルぱんが正直村に住んでるとすると「キミの住んでいる村はAのほう?」と聞かれたら「はい」と答えるよね。デビルぱんがうそつき村に住んでるとすると、必ずうそをつくので「キミの住んでいる村はAのほう?」と聞かれたら、この場合も「はい」と答えるよね。反対にBのほうを正直村として考えると、デビルぱんが正直でもうそつきでも「いいえ」と答えるよね。

ということは、「キミの住んでいる村はAのほう?」って質問して、デビルぱんが「はい」と答えた道か、「いいえ」と答えた道ではない道を行けば、正直村にたどり着けるよ。

オ以外についても、Aのほうに正直村がある場合で考えてみよう。

ア「正直村はどっち?」と聞くと、デビルぱんが正直の場合は「Aのほうだよ」、うそつきの場合は「Bのほうだよ」と答えるので、どちらが正直村なのかはわかりません。

イ「今日はいい天気だね!」だと、その時の天気によって、デビルぱんが正直かうそつきかはわかるけど、正直村がどっちなのかはわかりません。

ウ「キミの住んでいる村を教えて?」だと、「Aのほうだよ!」と答えてくれればオと同じく正直村に行けるけど、「いいよ!」とか「住んでいるのは正直村だよ!」とかいう答え方をされてしまうかもしれないし、「どっちでもないよ」とうそをつかれるかもしれません。

エ「正直村へはBの道を行けばいいのかな?」だと、デビルぱんが正直の場合は「いいえ」と答えて、うそつきの場合は「はい」と答えるので、わかりません。

もんだい 27

1 ▶ カ

ねっ転がる→本を持つ→一つ前のおねがいを取り消す（本を持たない）なので、答えは「ねっ転がる」カのポーズ。

2 ▶ キ

ねっ転がる→本を持つ→すわる→ねっ転がる→一つ前のおねがいを取り消す（すわるにもどる）。答えは「本を持ってすわっている」キのポーズ。

3 ▶ ウ

左手を上げる→一つ前のおねがいを取り消す（左手を下げる）→右手を上げる→一つ前のおねがいを取り消す（右手を下げる）→すわるなので、答えは「何も持たずにすわっている」ウのポーズだよ。

もちっと問題 ▶ ア

もちっとなぞなぞの答え

1 ▶ **やきもち**

2 ▶ **いるか**（「かるい」を反対から読むと「いるか」だね）

3 ▶ **イチゴ**（イチゴは英語でストロベリーと言うよ）

4 ▶ **カステラ**

5 ▶ **うまい**

6 ▶ **だんご**（さんじ〈3字〉なのは「だんご」だけだね）

7 ▶ **ささくれ**（パンダの食べ物は「ささ」だよ）

8 ▶ **きゅうけつき**（ドラキュラのことだよ）

9 ▶ **消火器**

陰山英男（かげやま　ひでお）

兵庫県朝来町立（現朝来市立）山口小学校教師時代から、反復学習や規則正しい生活習慣の定着で基礎学力の向上を目指す「陰山メソッド」を確立し、脚光を浴びる。

百ます計算や漢字練習の反復学習を続け基礎学力の向上に取り組む一方、そろばん指導やICT機器の活用など新旧を問わず積極的に導入する教育法によって子どもたちの学力向上を実現している。

STAFF
イラスト／Yuka（株式会社カミオジャパン）
編集協力／真鍋良子、谷口聖（株式会社カミオジャパン）
ブックデザイン／佐々木恵実（株式会社ダグハウス）
本文DTP／佐藤純、伊延あづさ（株式会社アスラン編集スタジオ）

もちもちぱんだ
ちょこっと　頭やわらかドリル　小3レベル

2024年7月5日　初版第1刷発行

監　修　陰山英男
発行者　淺井　亨
発行所　株式会社実務教育出版
〒163-8671　東京都新宿区新宿1-1-12
電話　03-3355-1812（編集）　03-3355-1951（販売）
振替　00160-0-78270

印刷所／文化カラー印刷　　製本所／東京美術紙工

ISBN 978-4-7889-0982-3 C6037